AF552916

First Words
ENGLISH-SPANISH

Primeras palabras
ESPAÑOL-INGLÉS

ISBN 978-1-84135-799-7

Illustrated by Terry Burton
Additional illustrations by Angela Hicks

First published 2004
This edition first published 2011

Published by Award Publications Limited,
The Old Riding School, The Welbeck Estate,
Worksop, Nottinghamshire, S80 3LR

11 1

Printed in China

First Words
ENGLISH-SPANISH

Primeras palabras
ESPAÑOL-INGLÉS

AWARD PUBLICATIONS LIMITED

Contents

Contenido

The Family
La familia

father
el padre

mother
la madre

daughter
la hija

son
el hijo

brother
el hermano

sister
la hermana

grandpa
el abuelo

grandma
la abuela

aunt
la tía

uncle
el tío

cousin
el primo

cousin
la prima

Body Parts
Las partes del cuerpo

hair
el pelo
eye
el ojo
nose
la nariz
mouth
la boca
arm
el brazo
stomach
el estómago
hand
la mano
knee
la rodilla
leg
la pierna
toe
el dedo del pie

Clothes
La ropa

hat
el sombrero

coat
el abrigo

scarf
la bufanda

trousers
los pantalones

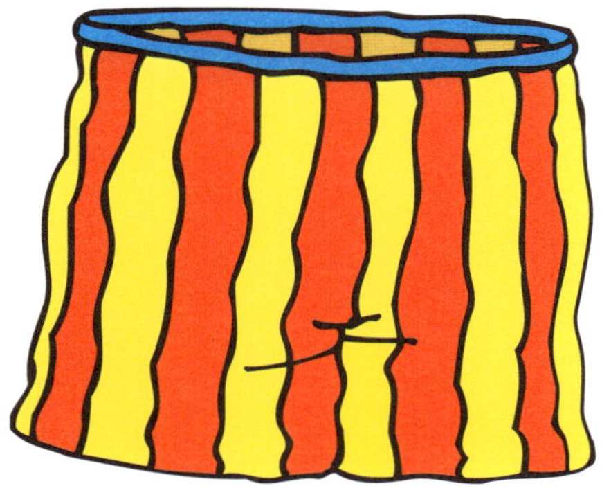

shorts
los pantalones cortos

dungarees
el peto

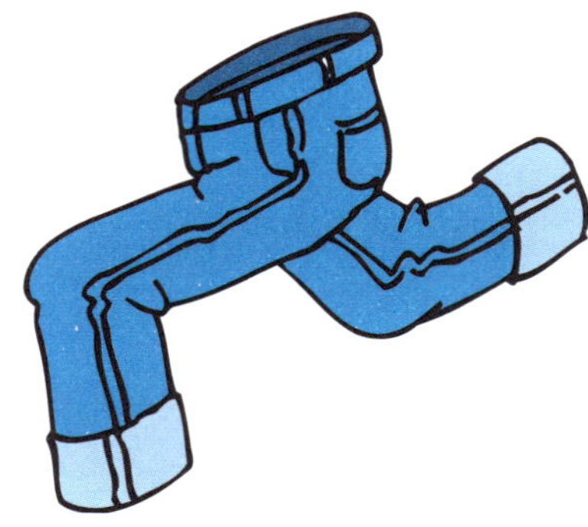

jeans
los vaqueros

shirt
la camisa

T-shirt
la camiseta

skirt
la falda

dress
el vestido

sweater
el jersey

Things to Wear
Las cosas para vestir

gloves
los guantes

belt
el cinturón

tie
la corbata

glasses
las gafas

sunglasses
las gafas de sol

watch
el reloj

Footwear
El calzado

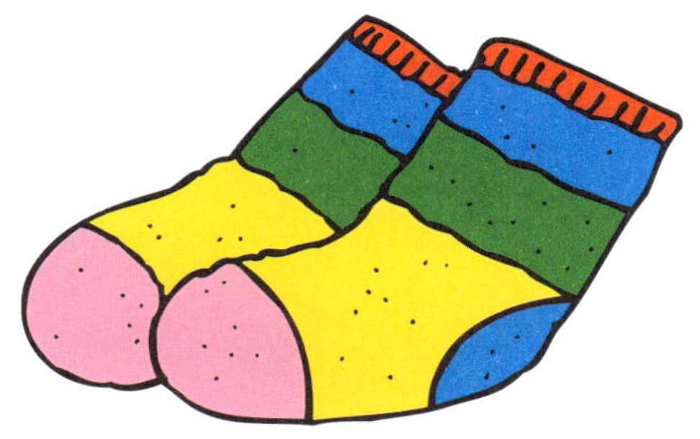

socks
los calcetines

shoes
los zapatos

boots
las botas

sandals
las sandalias

sports shoes
las deportivas

slippers
las zapatillas

The House
La casa

roof
el tejado
chimney
la chimenea
window
la ventana
door
la puerta
dog kennel
la caseta
del perro
garden
el jardín
firewood
la leña
dog
el perro
path
el camino

The Living Room
La sala

armchair
el sillón

sofa
el sofá

fireplace
la chimenea

cupboard
el armario

television
el televisor

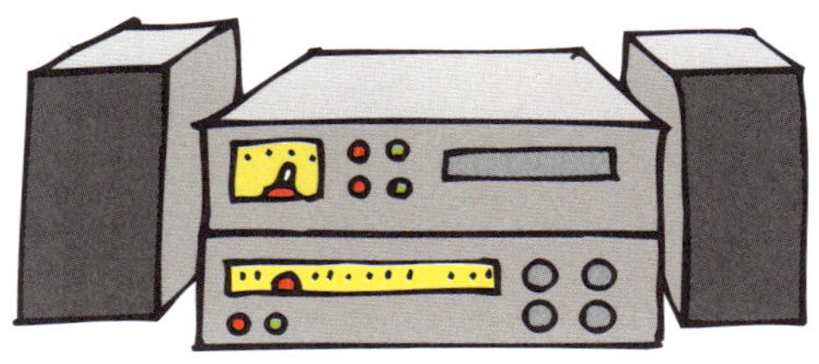

stereo
el estéreo

photograph
la fotografía

cushion
el cojín

lamp
la lámpara

carpet
la alfombra

The Dining Room
El comedor

chair
la silla

high chair
la silla para bebé

table
la mesa

vase of flowers
el florero

cup
la taza

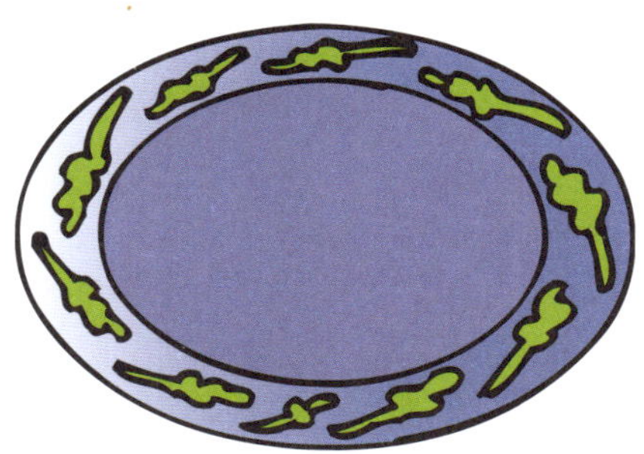

plate
el plato

knife
el cuchillo

fork
el tenedor

spoon
la cuchara

salt and pepper
la sal y la pimienta

The Kitchen
La cocina

oven
el horno

sink
el fregadero

washing machine
la lavadora

fridge
la nevera

microwave oven
el microondas

kettle
el hervidor

saucepan
la cacerola

toaster
el tostador de pan

radio
la radio

stool
el taburete

The Bedroom
El dormitorio

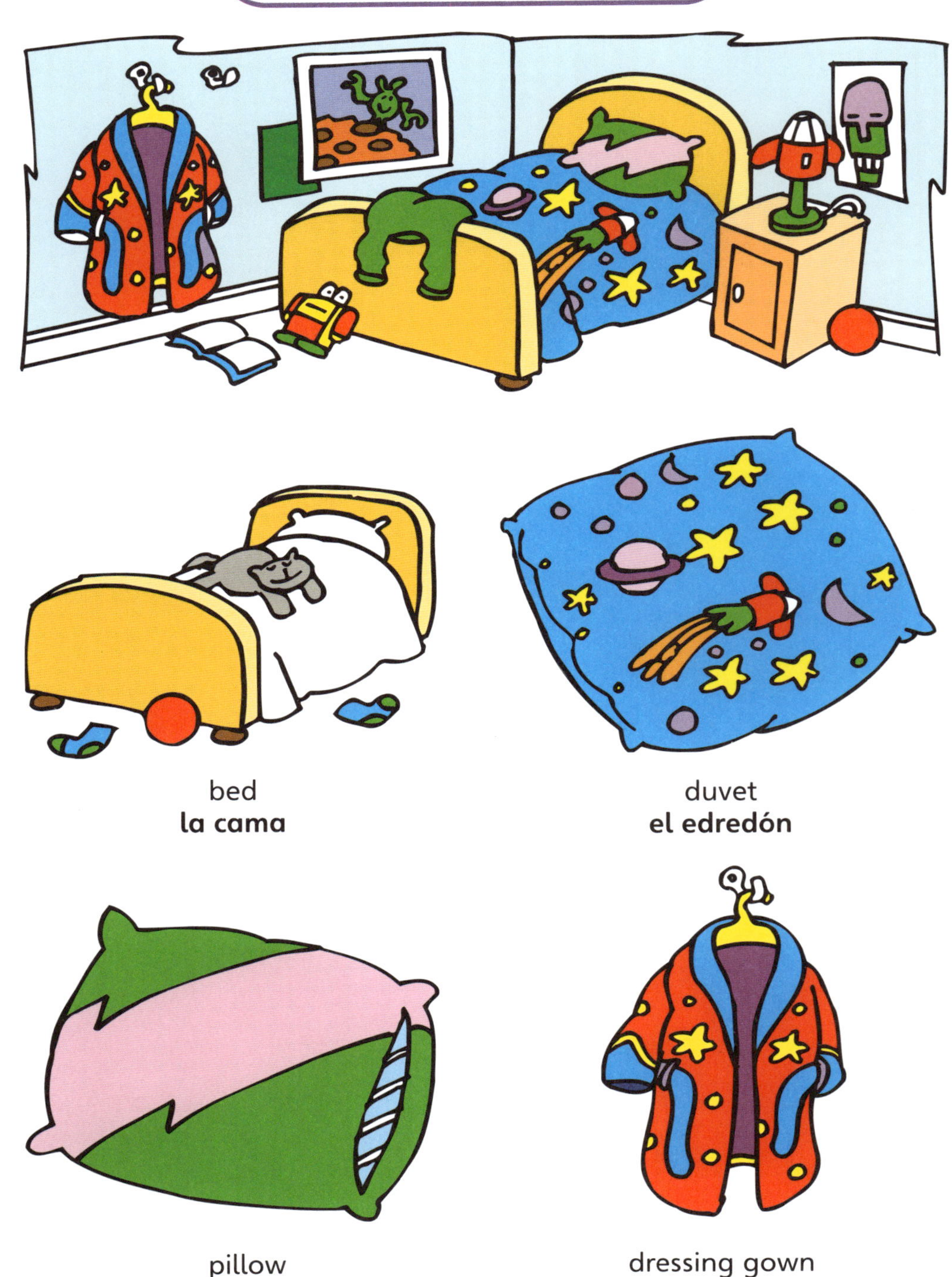

bed
la cama

duvet
el edredón

pillow
la almohada

dressing gown
la bata

alarm clock
el despertador

toys
los juguetes

shelf
el estante

mirror
el espejo

chest of drawers
la cómoda

wardrobe
el armario

The Bathroom
El cuarto de baño

brush
el cepillo

comb
el peine

toothbrush
el cepillo de dientes

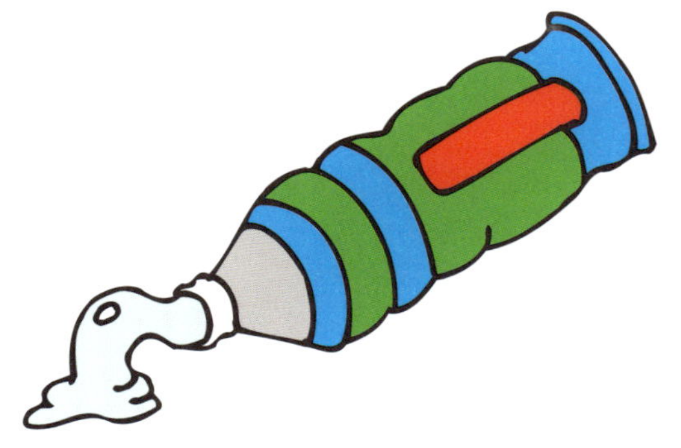

toothpaste
la pasta de dientes

soap
el jabón

towel
la toalla

washbasin
el lavabo

shower
la ducha

toilet
la taza de baño

bath
la bañera

The Hall
El vestíbulo

stairs
las escaleras

telephone
el teléfono

hook
el gancho

hatstand
la percha para sombreros

front door
la puerta de entrada

doormat
el felpudo

The Office
La oficina

desk
el escritorio

computer
el ordenador

printer
la impresora

bookshelf
el estante para libros

files
las carpetas

mobile phone
el teléfono móvil

The Garden
El jardín

neighbour
el vecino

swing
el columpio

hedge
el seto

bucket
el cubo

garden hose
la manguera

flowers
las flores

pond
la charca

grass
el césped

barbecue
la barbacoa

shed
el cobertizo
ladder
la escalera
tree
el árbol
greenhouse
el invernadero
flowerpot
la maceta
vegetables
las verduras
spade
la pala
gardener
el jardinero
wheelbarrow
la carretilla
bonfire
la hoguera

The Town
La ciudad

shops
las tiendas

library
la biblioteca

museum
el museo

swimming pool
la piscina

school
la escuela

factory
la fábrica

cinema
el cine

theatre
el teatro

car park
el aparcamiento

railway station
la estación de tren

The Street
La calle

baker
la panadería
newsagent
el puesto de periódicos
post office
la oficina de correos
builder
el albañil
musician
el músico
pedestrian
el peatón
butcher
la carnicería
zebra crossing
el paso para peatones

The Park
El parque

fountain
la fuente

picnic
el picnic

lake
el lago

ducks
los patos

slide
el tobogán

see-saw
el balancín

flowers
las flores

bandstand
el quiosco de música

park keeper
el guarda

bench
el banco

The Hospital
El hospital

ward
la sala

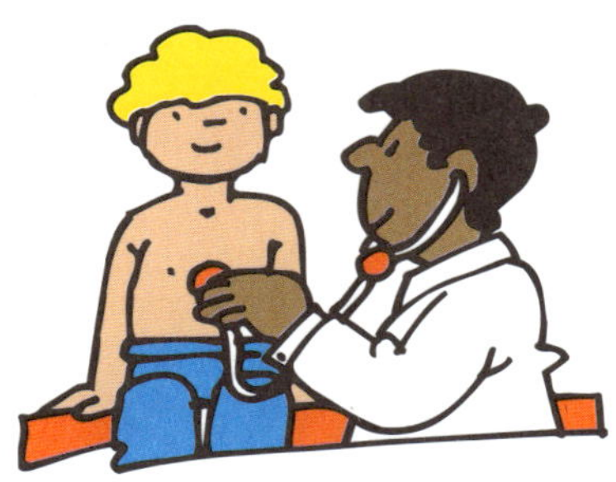

doctor
el médico

patient
el enfermo

nurse
la enfermera

ambulance
la ambulancia

medicine
la medicina

At the Dentist
La clínica dental

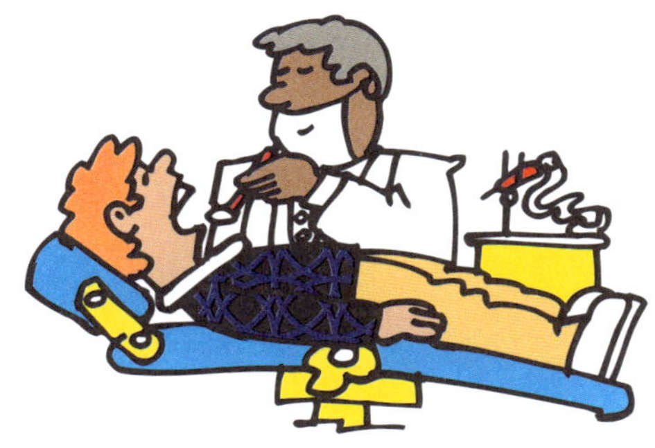

dentist
el dentista

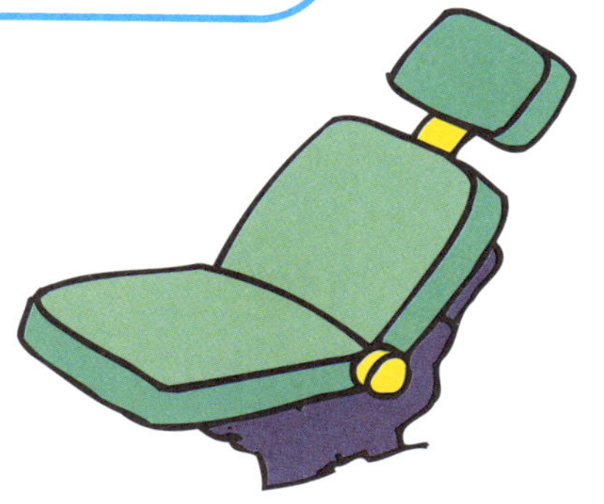

dentist's chair
la silla de dentista

drill
el taladro

dental nurse
la enfermera dental

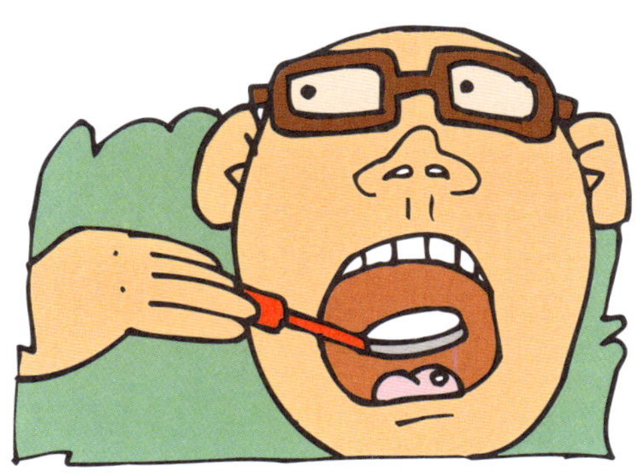

dentist's mirror
el espejo dental

teeth
los dientes

The Classroom
La clase

teacher
el profesor

pupils
los alumnos

computer
el ordenador

book
el libro

calculator
la calculadora

felt-tip pens
los rotuladores

pencils
los lápices

paper
el papel

paints
las pinturas

painting
la pintura

scissors
las tijeras

ruler
la regla

The Restaurant
El restaurante

chef
el cocinero

waiter
el camarero

waitress
la camarera

tray
la bandeja

glasses
los vasos

meal
la comida

The Supermarket
El supermercado

trolley
el carrito

cans
las latas

basket
la cesta

shop assistant
la dependienta

checkout
la caja

money
el dinero

Food
La comida

cheese
el queso

bread
el pan

fish
el pescado

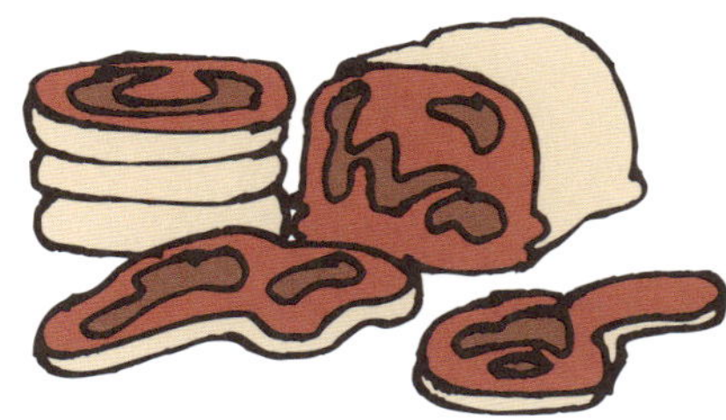

meat
la carne

cereal
los cereales

eggs
los huevos

Drinks
Las bebidas

mineral water
el agua mineral

milk
la leche

fruit juice
el zumo

fizzy drinks
los refrescos

coffee
el café

tea
el té

Fruit
La fruta

apple
la manzana

banana
el plátano

grapes
las uvas

orange
la naranja

strawberry
la fresa

pineapple
la piña

Vegetables
Las verduras

onions
las cebollas

potatoes
las patatas

green beans
las judías verdes

cabbage
el repollo

carrots
las zanahorias

corn
el maíz

The Party
La fiesta

cracker
el petardo

chocolates
los bombones

balloons
los globos

paper hat
la corona de papel

pasta
la pasta

burgers
las hamburguesas

guest
el invitado

pizza
la pizza

lemonade
la gaseosa

cake
el pastel
candles
las velas
magician
el mago
ice cream
el helado
presents
los regalos
sandwiches
los sándwiches
birthday cards
las tarjetas de cumpleaños

Jobs
Los empleos

teacher
la profesora

firefighters
los bomberos

scientist
la científica

clown
el payaso

carpenter
el carpintero

baker
el panadero

fisherman
el pescador

office worker
la oficinista

pilot
el piloto

vet
la veterinaria

astronaut
el astronauta

policeman
el policía

Sports
Los deportes

golf
el golf

showjumping
el concurso hípico de saltos

gymnastics
la gimnasia

judo
el judo

skiing
el esquí

swimming
la natación

football
el fútbol

cricket
el críquet

tennis
el tenis

baseball
el béisbol

skateboarding
el monopatinaje

athletics
el atletismo

Pastimes
Los pasatiempos

painting
pintar

singing
cantar

reading
leer

dancing
bailar

camping
el cámping

cycling
el ciclismo

Games and Toys
Los juegos y juguetes

jigsaw puzzle
el rompecabezas

ball
la pelota

board game
el juego de mesa

computer game
el videojuego

doll
la muñeca

teddy bear
el osito de felpa

Musical Instruments
Los instrumentos musicales

piano
el piano

guitar
la guitarra

cymbals
los platillos

drums
los tambores

triangle
el triángulo

tambourine
la pandereta

trumpet
la trompeta

orchestra
la orquesta

violin
el violín

harp
el arpa

clarinet
el clarinete

recorder
la flauta dulce

The Countryside
El campo

village
el pueblo

mountains
las montañas

forest
el bosque

footpath
el sendero

waterfall
la cascada

river
el río

Plants
Las plantas

fruit tree
el árbol frutal

palm tree
la palmera

bush
el arbusto

cactus
el cactus

flowers
las flores

seeds
las semillas

Wild Animals
Los animales salvajes

wolf
el lobo

fox
el zorro

deer
el venado

badger
el tejón

otter
la nutria

hare
la liebre

squirrel
la ardilla

mouse
el ratón

bat
el murciélago

mole
el topo

snail
el caracol

caterpillars
las orugas

The Wildlife Park
La reserva natural

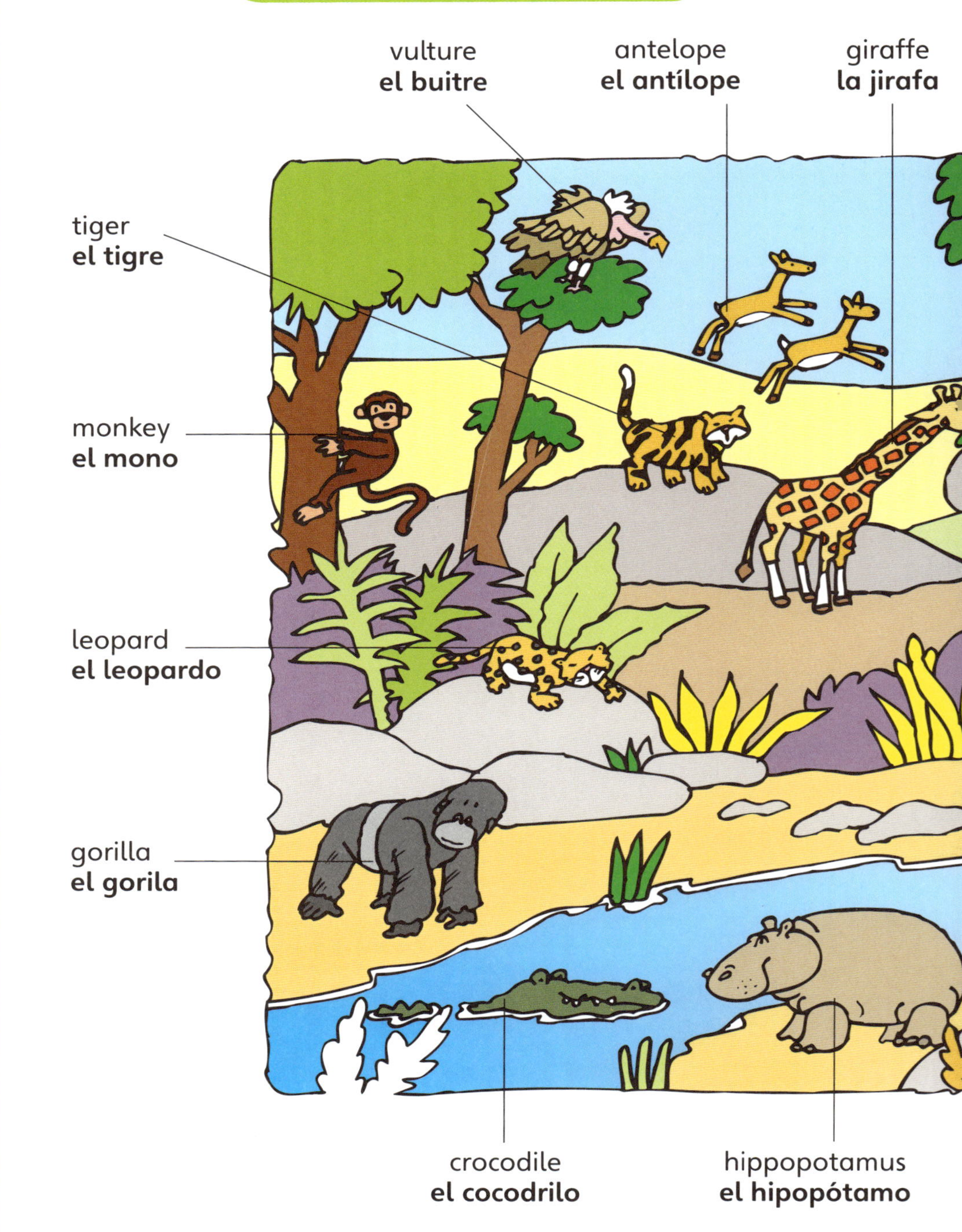

gamekeeper
el guardabosques
rhinoceros
el rinoceronte
elephant
el elefante
zebra
la cebra
lion
el león
ants
las hormigas
anteater
el oso hormiguero
snake
la serpiente

Farm Animals

Los animales de granja

cow
la vaca

pig
el cerdo

donkey
el burro

sheep
la oveja

goat
la cabra

horse
el caballo

The Farm
La granja

farmer
el granjero

fence
la valla

stable
la cuadra

tractor
el tractor

cart
la carreta

harvest
la siega

Pets
Los animales domésticos

dog
el perro

puppy
el cachorro

cat
el gato

kitten
el gatito

horse
el caballo

rabbit
el conejo

hamster
el hámster

guinea pig
el conejillo de Indias

budgie
el periquito

goldfish
el pez de colores

rat
la rata

tarantula
la tarántula

Birds

los pájaros

eagle
el águila

owl
el búho

gull
la gaviota

robin
el petirrojo

parrot
el loro

swan and cygnets
el cisne y sus pollos

Insects
Los insectos

butterfly
la mariposa

beetle
el escarabajo

bees
las abejas

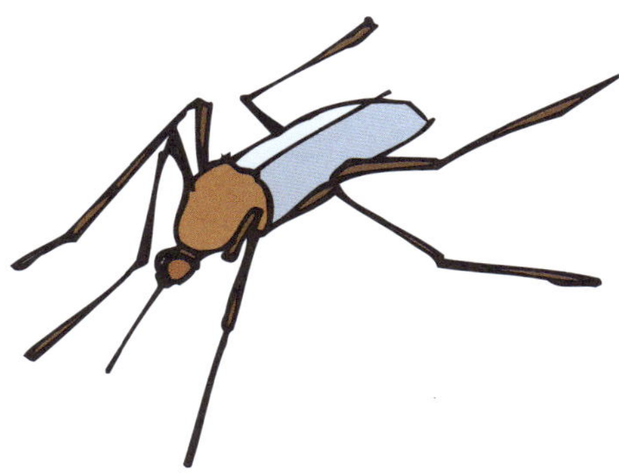

mosquito
el mosquito

fly
la mosca

ant
la hormiga

Reptiles
Los reptiles

lizard
el lagarto

snake
la serpiente

tortoise
la tortuga

turtle
la tortuga marina

crocodile
el cocodrilo

dinosaur
el dinosaurio

Sealife
La vida marina

fish
el pez

starfish
la estrella de mar

octopus
el pulpo

seal
la foca

whale
la ballena

shark
el tiburón

The Seaside
La playa

sun
el sol
boat
la motora
cliff
el acantilado
waterskier
el esquiador acuático
surfer
el tablista
sea
el mar
shell
la concha
sandcastle
el castillo de arena
seaweed
el alga marina

Transport
El transporte

car
el coche

bus
el autobús

truck
el camión

ambulance
la ambulancia

motorbike
la moto

bicycle
la bicicleta

train
el tren

ship
el buque

aeroplane
el avión

helicopter
el helicóptero

yacht
el yate

canoe
la canoa

Seasons and Weather
Las estaciones y el tiempo

spring
la primavera

summer
el verano

autumn
el otoño

winter
el invierno

sunshine
luz del sol

cloud
la nube

rainbow
el arco iris

rain
la lluvia

fog
la niebla

lightning
el relámpago

ice
el hielo

snow
la nieve

Days of the Week
Los días de la semana

Monday
lunes

Tuesday
martes

Wednesday
miércoles

Thursday
jueves

Friday
viernes

Saturday
sábado

Sunday
domingo

Months of the Year
Los meses del año

January
enero

February
febrero

March
marzo

April
abril

May
mayo

June
junio

July
julio

August
agosto

September
septiembre

October
octubre

November
noviembre

December
diciembre

Numbers
Los numeros

0 zero
cero

1 one
uno

2 two
dos

3 three
tres

4 four
cuatro

5 five
cinco

6 six
seis

7 seven
siete

8 eight
ocho

9 nine
nueve

10 ten
diez

20 twenty
veinte

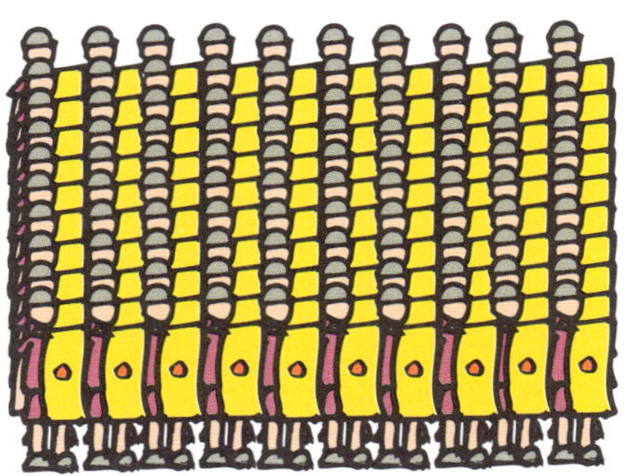

100 one hundred
cien

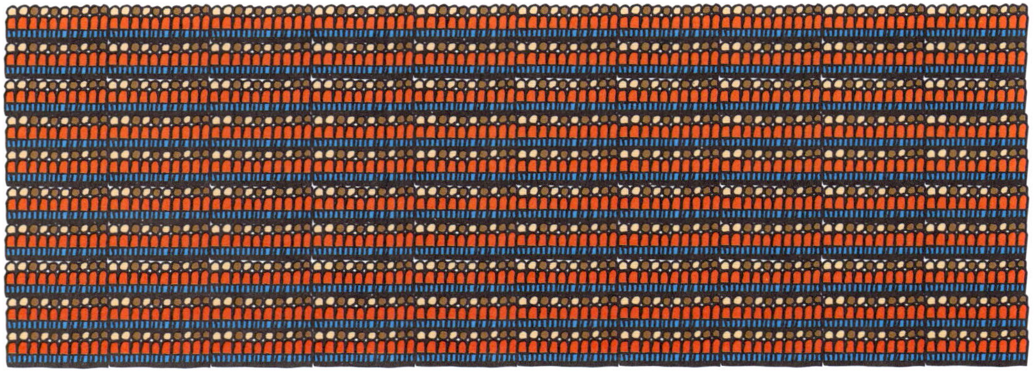

1,000 one thousand
mil

Time
El tiempo

morning
la mañana

afternoon
la tarde

evening
la tarde

night-time
por la noche

daytime
por el día

noon/midnight
el mediodía/la medianoche

What time is it?
¿Qué hora es?

It is one o'clock.
Es la una.

one o'clock
la una

quarter past one
la una y cuarto

half past one
la una y media

quarter to one
la una menos cuarto

Colours and Shapes
Los colores y las formas

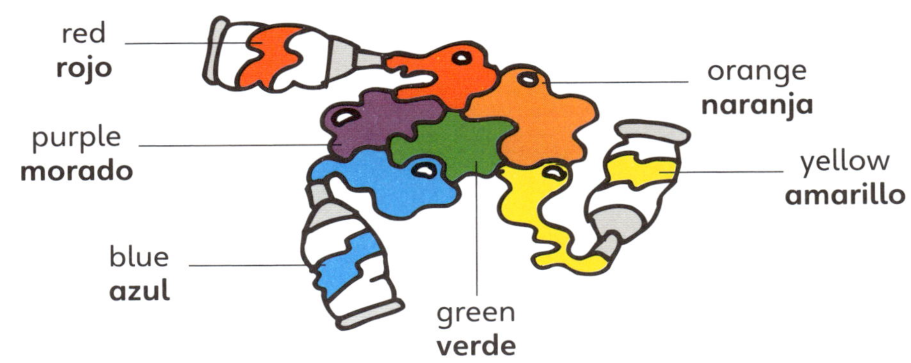

black
negro

white
blanco

grey
gris

pink
rosa

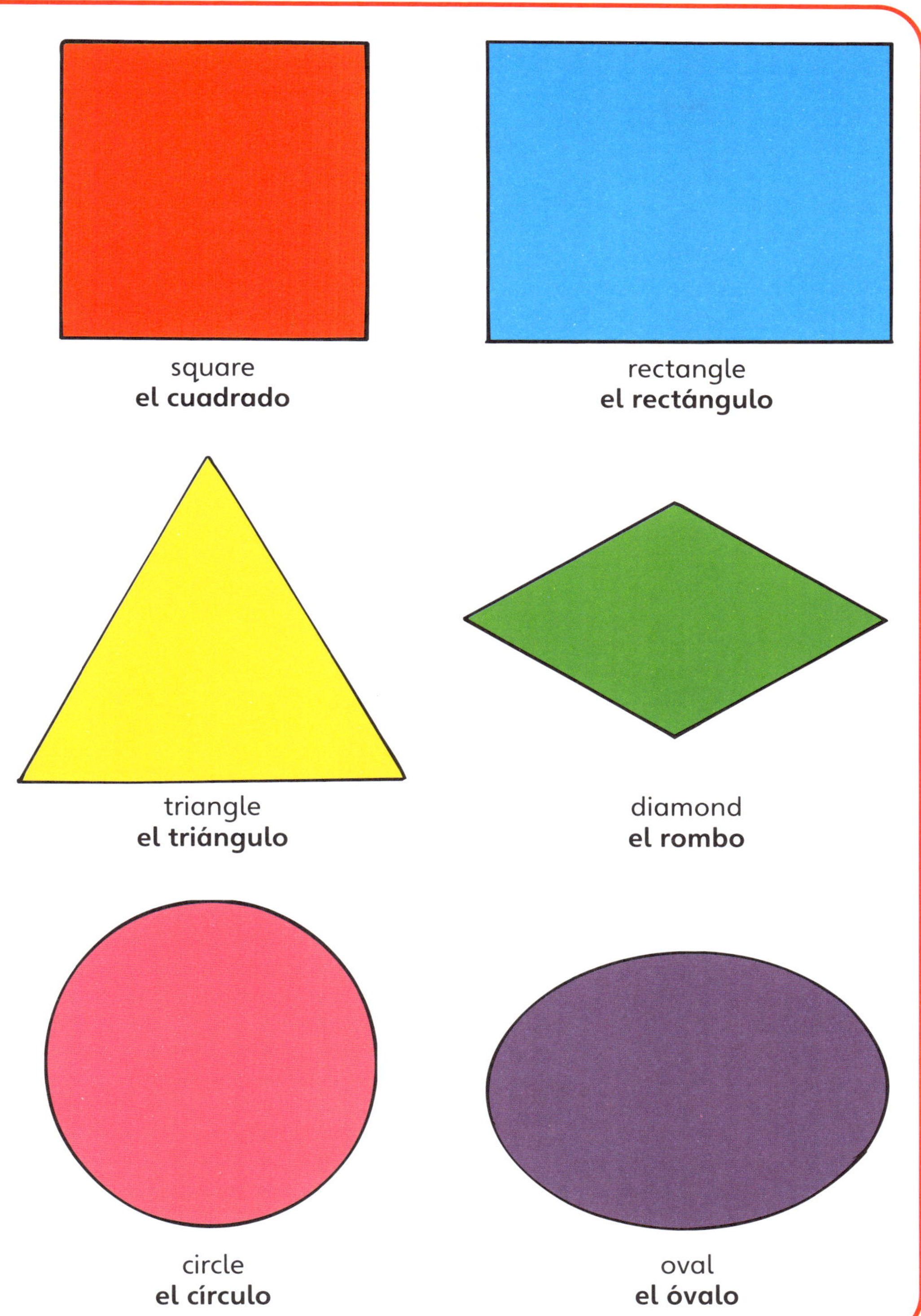
square
el cuadrado
rectangle
el rectángulo
triangle
el triángulo
diamond
el rombo
circle
el círculo
oval
el óvalo

Opposites
Los opuestos

large
grande

small
pequeño/pequeña

fat
gordo/gorda

thin
delgado/delgada

fast
rápido/rápida

slow
lento/lenta

dry
seco/seca

wet
mojado/mojada

hot
caliente

cold
frío/fría

happy
feliz

sad
triste

Where Is It?
¿Dónde está?

on
encima

under
debajo

in
dentro

out
fuera

left
izquierda

right
derecha

high
alto

low
bajo

above
por encima

below
por debajo

in front
delante

behind
detrás

Speaking
Hablar

Hello.
Hola.

Goodbye.
Adiós.

How are you?
¿Cómo estás?

Very well, thank you.
Muy bien, gracias.

What is your name?
¿Cómo te llamas?

My name is Peter.
Me llamo Pedro.

How old are you?
¿Cuántos años tienes?

I am five years old.
Tengo cinco años.

Where do you live?
¿Dónde vives?

I live in England.
Vivo en Inglaterra.

Where do you live?
¿Dónde vives?

I live in Spain.
Vivo en España.

ENGLISH INDEX
ÍNDICE INGLÉS

SPANISH INDEX
ÍNDICE ESPAÑOL